Descubre el Po la Inteligencia Emocional con

CRIATURAS MÍSTICAS

Nizvan Monteón Montes

LA INTELIGENCIA EMOCIONAL

Mi libro es dedicado a mi hija Gabriella y
a mí hijo Nizvan que tanto los amo y que
a mí partida les pueda servir para tener
mejores relaciones con todas aquellas
personas que los rodean,
gracias por tanto amor.

¿QUÉ ES LA INTELIGENCIA EMOCIONAL?

Es la capacidad de reconocer, comprender y gestionar las emociones propias y las de los demás en diversas situaciones. Fue popularizada por el psicólogo Daniel Goleman en su libro "Inteligencia Emocional" en el 2007, y se ha convertido en un concepto importante en nuestro desarrollo personal, recuerda que las emociones están en nuestro cerebro. ¡Tenemos una buena noticia para ti!, la inteligencia emocional se puede desarrollar y mejorar a lo largo del tiempo, mediante la práctica y la conciencia de uno mismo.

QUÍMICA DE LA FELICIDAD

La felicidad está asociada con la liberación de ciertos neurotransmisores y sustancias químicas en el cerebro. Algunos de los principales componentes en la "química de la felicidad" incluyen:
Serotonina
Dopamina
Oxitocina
Endorfinas

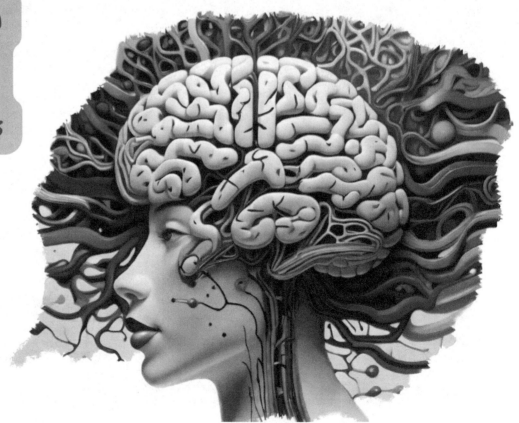

SEROTONINA

La serotonina es un neurotransmisor que desempeña un papel crucial en la regulación del estado de ánimo, el sueño y el apetito. Niveles adecuados de serotonina están asociados con la sensación de bienestar y mucha felicidad, busca alimentos que ayudan a aumentar la serotonina.

DOPAMINA

La dopamina es conocida como el neurotransmisor del placer y la recompensa. Su liberación está relacionada con la sensación de gratificación y placer, lo que contribuye a la experiencia de la felicidad, has ejercicio suve, yoga y paseos al aire libre con tu familia para aumentar tu dopamina.

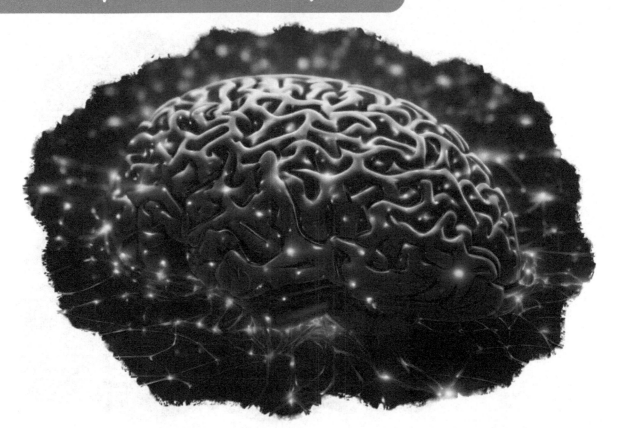

OXITOCINA

Conocida como la "hormona del amor" u "hormona del abrazo", la oxitocina se libera en situaciones sociales positivas y está asociada con la creación de vínculos emocionales y la sensación de conexión y felicidad, recuerda dar muchos abrazos a tus seres queridos para subir tu oxitocina

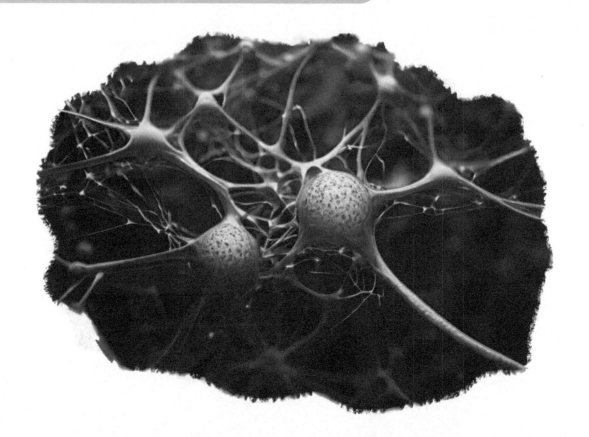

ENDORFINA

Sustancias químicas producidas por el cuerpo que actúan de manera similar a los analgésicos. Se liberan en respuesta al estrés y el dolor, su liberación puede inducir sentimientos de euforia y bienestar, contribuyendo a la sensación de felicidad, escuchar música, bailar y reír mucho ayudan a subir tu endorfina.

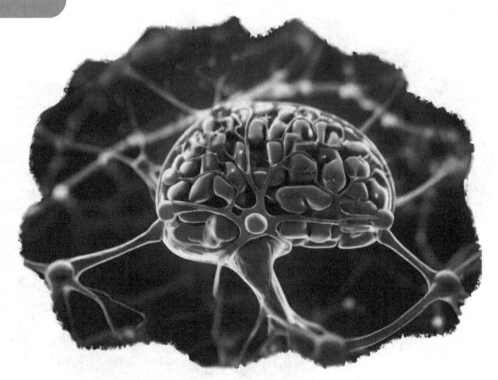

TIPOS DE EMOCIONES

Emociones positivas: alegría, humor, amor y felicidad.
Emociones desagradables: miedo, ansiedad, ira, tristeza, rechazo, vergüenza y
Emociones ambiguas: sorpresa, esperanza y compasión.

¿TÚ QUÉ PIENSAS QUÉ ES LA INTELIGENCIA EMOCIONAL?

_____

_____

_____

¿QUÉ HACES PARA TRABAJAR TUS EMOCIONES?

_____

_____

_____

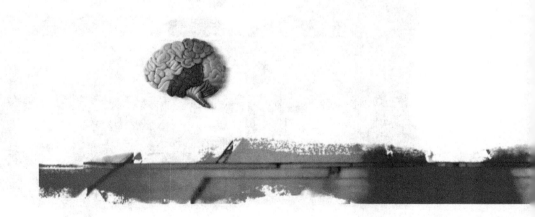

"La inteligencia emocional es saber reconocer que las emociones pueden ser tan racionales como el pensamiento lógico y trabajan para ti"

EL CEREBRO TRIUNO...

La Teoría del Cerebro Triuno, del neurólogo y psiquiatra Paul D. MacLean, propone en su libro: "Evolución del cerebro Triuno" del año 1990, el cerebro humano consta de tres estructuras principales, y que evolucionó en diferentes etapas de la humanidad y desempeña un papel fundamental en la regulación de comportamientos y emociones. Sus estructuras son:

El Cerebro Reptiliano: Es la parte más primitiva del cerebro y la más antigua en términos de evolución, se asocia con funciones básicas de supervivencia, regula la respiración, la agresión y la frecuencia cardíaca, tiene respuestas automáticas y conductas instintivas.

El Cerebro Límbico: Tiene una estructura avanzada que se encuentra en mamíferos y se asocia con la emoción y la memoria, desempeña un papel importante en la regulación de las respuestas emocionales, la formación de recuerdos y la toma de decisiones basadas en emociones.

El Neocórtex: Es nuevo y la más desarrollado del cerebro, se asocia con funciones cognitivas superiores, como el pensamiento lógico, el razonamiento, el lenguaje y sobre todo la toma de decisiones complejas. Es la parte del cerebro que nos diferencia de los animales y nos permite realizar tareas intelectuales y emocionalmente sofisticadas.

¿SABÍAS QUÉ?

. En el libro "Neurociencia y Neuroaprendizaje" de Rotger Marilina nos menciona que Las emociones ocurren en 125 milisegundos esto es en la mitad de un parpadeo y la razón surge aproximadamente en 500 milisegundos casi en cuatro parpadeos de tus ojos.

. Las emociones duran alrededor de 90 segundos en tu cuerpo para después ser metabolizadas por el sistema inmunológico y nervioso.

. Paul Ekman en su libro: "El rostro de las emociones" (2017) estudio la expresión facial de las emociones, comentó que todas las personas nacemos con seis emociones básicas (**MATISA**) Miedo, Alegría, Tristeza, Ira, Sorpresa y Asco.

. Concretamente en el sistema límbico se procesan las emociones.

. El hipotálamo es encargado de liberar todas las hormonas para sentir emociones.

. Los científicos descubrieron en el corazón unas 40,000 neuronas sensoriales

. Las emociones son energía

"La empatía es la capacidad de ponerse en los zapatos de los demás, entender sus sentimientos y ver el mundo desde su perspectiva"

"Tener autoconciencia es el
primer paso hacia el
crecimiento personal;
entender nuestras propias
emociones nos permite
evolucionar y mejorar."

LAS EMOCIONES

La inteligencia emocional se organiza en torno a cinco capacidades que fueron propuestas por el Psicólogo Daniel Goleman, estas capacidades se conocen como:

a) Autoconciencia emocional

b) Autorregulación

c) Empatía

d) Motivación emocional

e) Habilidades sociales

Estas cinco capacidades son la base de la inteligencia emocional.

En las siguientes páginas vamos a conocer las siete emociones, algunas sugeridas por el pionero en el estudio de las emociones Paul Ekman, vamos a ver cada una de ellas:

I. AMOR

El amor es una emoción compleja y significativa que implica conexiones profundas y afectivas con los demás. Definir el amor es complejo y puede ser desafiante debido a su naturaleza subjetiva y a las diversas formas en que se experimenta, tenemos amor a la pareja, a los hijos y a muchas personas que están cerca de nosotros. Sentir amor puede estar relacionado con un estado de ánimo positivo y un sentido general de bienestar emocional.

El amor se representa
con el color rosa

¿CÓMO SEGUIR CONSERVANDO NUESTRO AMOR?

1. Gratitud: Mantén un diario de gratitud para enfocarte en aspectos positivos de tu vida y fomentar la apreciación por tí

2. Afirmaciones Positivas: Lleva a cabo afirmaciones positivas para cultivar una autoimagen positiva y fomentar la autoaceptación tales como: yo me respecto, yo me quiero, yo me cuido, me admiro y me acepto tal como soy.

3. Cuidado físico y personal: Establece rutinas de cuidado personal que incluyan actividades que te nutran física, mental y emocionalmente, como ejercicio, meditación y escuchar música alegre.

4. Desarrollo Espiritual: Has meditación enfocada en la compasión y la conexión con algo más grande que uno mismo.

5. Establece Límites: Practica el establecimiento de límites saludables para proteger tu bienestar emocional y mantener relaciones equilibradas por ejemplo: refuerza positivamente cuando tus límites son respetados. Agradece a las personas por su comprensión y respeto hacia tus necesidades.

¿QUÉ HERRAMIENTA(S) VAS A UTILIZAR PARA ESTIMULAR TU AMOR?

_____

_____

_____

_____

_____

2.MIEDO

El miedo es una emoción natural y fundamental que todos los seres humanos experimentan en diversas situaciones. Es una respuesta emocional, fisiológica y cognitiva a una percepción de peligro o de amenaza, ya sea real o imaginaria. La función del miedo es de preparar al organismo para enfrentar o evitar una situación peligrosa.

Cuando tu sientes miedo, tu cuerpo libera hormonas tales como la adrenalina, que provoca una serie de cambios físicos y emocionales, como el aumento del ritmo cardíaco, la respiración acelerada, la dilatación de las pupilas y la concentración de energía en los músculos, lo que prepara al individuo para poder luchar o huir.

El miedo se representa
con el negro

¿CÓMO TRABAJAMOS EL MIEDO?

Aquí tenemos como se reacciona al miedo con la inteligencia emocional:

1) **Reconocimiento del miedo:** la primera etapa en todas las emociones es: **"RECONOCER EL MIEDO EN UNO MISMO Y EN LAS DEMÁS PERSONAS"**, esto implica que seas consciente de las señales emocionales y físicas que te van a indicar que estas experimentando el miedo, tales señales pueden ser el aumento del ritmo cardiaco, pensamientos negativos y tensión muscular, tal vez puedas percibir en otras personas su miedo en el tono de voz y sus expresiones corporales como faciales.

2) **Comprender el miedo:** Nuestra inteligencia emocional nos puede ayudar a pensar por qué estás experimentando esta emoción, y comprender si es una amenaza real o irracional, comprenderlo te ayuda a tomar decisiones más precisas de la situación que estas experimentando.

3) **Gestión de la emoción:** La inteligencia emocional nos ayuda a tener la capacidad de tener estrategias para reducir el miedo excesivo, tal como la respiración profunda, meditación y hablar sobre tus temores con una persona que tenga toda tu confianza.

4) **Ser empático:** La inteligencia emocional también te ayudará a ser empático hacia los miedos de las otras personas, pudiendo comprender como se sienten y poder brindar un apoyo cuando alguien esta experimentando esa emoción de miedo.

5) **Especialista:** La inteligencia emocional también te ayuda a reconocer que no puedes lidiar con el miedo y que necesitas una persona profesional que te pueda ayudar a comprender que te esta sucediendo y como poder canalizar esa emoción

OTRAS EMOCIONES DEL MIEDO

Humillación

Inseguridad

Agobio

Susto

Inútil

Rechazo

Sumisión

Ridiculicen

Insuficiencia

Pánico

ALGUNOS PENSAMIENTOS DEL MIEDO

Los pensamientos irracionales o distorsionados pueden contribuir al miedo. Identificar y abordar patrones de pensamiento negativos puede ser parte del tratamiento para algunos tipos de miedos

¿QUÉ HERRAMIENTA(S) VAS A UTILIZAR PARA TRABAJAR EL MIEDO?

_____

_____

_____

_____

_____

_____

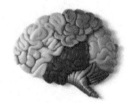

_____

_____

_____

_____

_____

_____

_____

_____

_____

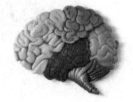

La alegría se representa
con el amarillo

3. ALEGRÍA

La alegría es un estado de ánimo dado por alguna situación favorable es una emoción positiva la palabra alegría proviene del latín alicer o alecris que significa vivo y animado, este dato nos hace imaginar entonces que es una energía en movimiento y se manifiesta desde el interior y se refleja a través de sensaciones de bienestar.

CON LA ALEGRÍA ESTO LE SUCEDE A TU CUERPO

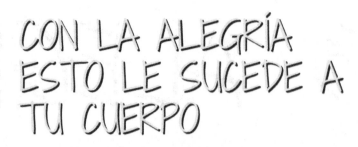

Reducir el estrés: cuando estas alegre tu sistema nervioso entra en un estado de tranquilidad lo que reduce la producción de hormonas del estrés tales como el cortisol.

Liberación de dopamina: La alegría está asociada con la liberación de neurotransmisores en el cerebro, especialmente la dopamina. Cuando experimentas algo gratificante y disfrutamos de una experiencia placentera el cerebro libera esta sustancia que nos ayuda a sentirnos bien y refuerza la repetición de dicha experiencia.

Relajación muscular: Como viste anteriormente la alegría puede relatar los músculos en el cuerpo como la tensión muscular lo que contribuye a una sensación de relajación.

Mejora del sistema inmunológico: La liberación de ciertas sustancias químicas relacionadas con la alegría fortalecen la respuesta inmunológica del cuerpo

RECUERDA SIEMPRE
SONREIR

"En la inteligencia emocional, el verdadero poder no está en controlar a los demás, sino en controlarse a uno mismo."

HERRAMIENTAS PARA ESTIMULAR TÚ ALEGRÍA

Realiza actividades que te guste:

Una forma muy agradable para estimular tu alegría es participar en actividades que traigan placer y satisfacción puede incluir muchos pasatiempos que disfrutes, para ello te damos un proceso para poder encontrar tus actividades:

1. **Identifica tus intereses:** Has una lista de actividades que te gustan o que te interesen tales como deportes, lectura, cocina, música, etcétera.

2. **Elige una hora:** con la vida tan agitada debemos reservar tiempo para las actividades que disfrutes y puedas programarlas con regularidad en la semana.

3. **Equilibrio:** no todo en la vida es hacer las cosas que te gustan, debes tener un equilibrio entre responsabilidad y tu tiempo personal

4. **Comunica tus intereses:** Es bueno que compartas tus actividades y pasatiempos con tus seres queridos y amigos para aumentar la alegría con la vinculación social y compartas momentos especiales.

OTRAS EMOCIONES DE LA ALEGRÍA

Felicidad

Entusiasmo

Euforia

Regocijo

Gratitud

Júbilo

Satisfacción

ALGUNOS PENSAMIENTOS DE LA ALEGRÍA

A veces, la alegría proviene de un cambio de perspectiva o enfoque en lo positivo en lugar de lo negativo. La práctica del pensamiento positivo puede contribuir a una mayor frecuencia de experiencias alegres.

¿QUÉ VAS HACER PARA ESTIMULAR TÚ ALEGRÍA?

_____

_____

_____

_____

_____

_____

_____

_____

_____

_____

_____

_____

_____

_____

_____

_____

La Tristeza se representa
con el azul

4. TRISTEZA

La tristeza es una emoción compleja es como esa nube gris que a veces se instala en el cielo de nuestras emociones, se caracteriza por sentimientos de melancolía, pesar y desánimo con una disminución del estado de ánimo. cuando la tristeza es abrumadora y persistente afecta significativamente la calidad de vida y es muy importante buscar apoyo y ayuda para manejar esta emoción adecuadamente.

CAUSAS COMUNES DE LA TRISTEZA

1.- Pérdida: La tristeza es una reacción a la pérdida de algo significativo, como a un ser querido, una relación, terminar la amistad con una amiga o amigo, perdida de una mascota, un trabajo o alguna oportunidad importante que tuviste en tu

2.- Fracaso: Experimentar fracasos o decepciones en la vida, como no alcanzar una meta personal o profesional, posiblemente no haber alcanzo una buena calificación en un examen, esto puede generar sentimientos de tristeza.

3.- Cambios importantes: Grandes cambios en la vida, como mudarse a un lugar nuevo, cambio de escuela, divorciarse o cambiar de carrera, pueden desencadenar tristeza debido a la incertidumbre y el ajuste emocional.

4.- Conflictos interpersonales: Problemas en las relaciones personales, como conflictos con amigos, familiares o compañeros de escuela o trabajo, pueden causar tristeza.

5.- Eventos traumáticos: La exposición a eventos traumáticos o experiencias difíciles puede desencadenar tristeza y otras emociones negativas.

"La verdadera fortaleza emocional no reside en ocultar las emociones, sino en comprenderlas y utilizarlas para nuestro crecimiento."

"La comunicación efectiva no solo se trata de palabras, sino de comprender y responder a las emociones detrás de esas palabras."

HERRAMIENTAS PARA DISMINUIR TU TRISTEZA

1. Reconocimiento de tu tristeza:

El primer paso para tratar la tristeza es ser consciente de tus propios sentimientos. Esto implica estar en sintonía con tus emociones y reconocer cuándo te sientes triste. Puedes preguntarte a ti misma(o), "¿Qué estoy sintiendo en este momento?".

Esta autoconciencia emocional te permite identificar cuándo la tristeza está presente.

2. Expresión emocional:

No reprimas tus emociones. Es importante permitirte expresar la tristeza de una manera saludable. Esto podría involucrar llorar, escribir sobre tus sentimientos, hablar con alguien de confianza o incluso expresar la tristeza a través del arte o la música, y algo muy importante NO juzgarte por sentir tristeza.

No te apresures a "superar" la tristeza. A veces, tomará tiempo procesar y sanar.

Sino puedes manejar esa tristeza te invito a que acudas con un experto, que te dará más herramientas para encausarla.

OTRAS EMOCIONES DE LA TRISTEZA

Pena

Melancolía

Desánimo

Soledad

Dolor

Desesperanza

ALGUNOS PENSAMIENTOS DE LA TRISTEZA

La tristeza no solo afecta el estado de ánimo, sino también el cuerpo. Puede manifestarse en síntomas físicos como cansancio, falta de energía, problemas de sueño y pérdida de apetito.

¿QUÉ VAS HACER PARA DISMINUIR TÚ TRISTEZA?

_____

_____

_____

_____

_____

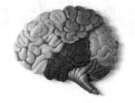

_____

_____

_____

_____

_____

_____

_____

_____

_____

5. IRA

La ira es una emoción poderosa y natural que puede manifestarse en una variedad de formas, desde una leve frustración hasta una intensa furia, en pocas palabras, es como un fuego ardiente dentro de uno mismo.

Es cuando sientes que tu corazón late más rápido, tus puños se aprietan y hay una intensa chispa de enojo

La Ira se representa
con el rojo

"La autoconciencia emocional es el faro que guía nuestras decisiones; cuanto más nos conocemos, más sabias son nuestras elecciones."

ALGUNAS CAUSAS COMUNES DE IRA

La ira, en muchas ocasiones, es como un volcán emocional listo para entrar en erupción, algunas de las cosas que pueden hacerte enojar pueden ser:

a) **Frustración:** estar atrapado en un atasco de tráfico o no poder resolver un problema. Esa sensación de impotencia, pensando que no puedes hacer nada puede convertirse rápidamente en ira.

b) **Injusticia:** Nada despierta la ira más rápido que la percepción de que algo es injusto puede ser en tu vida personal o cuando ves injusticias en el mundo, también puede encender esa llama de enojo.

c) **Conflictos:** Las discusiones y desacuerdos con amigos, familiares o compañeros de tu escuela o trabajo son una fuente común de ira.

d) **Estrés:** El estrés continuo puede hacer que te sientas al límite, disminuyendo tu paciencia y llevando a respuestas de ira ante estas situaciones que normalmente no te perturbarían. Existen otras más que pueden llevarte a una respuesta de ira, te invito a que pienses en ¿qué momento te has sentido de esta manera?

ALGUNAS HERRAMIENTAS PARA TRABAJAR LA IRA

Recuerda que trabajar en el manejo de la ira es un proceso continuo. Aquí tienes algunas herramientas para trabajar en el manejo de la ira:

1. **Respira profundamente:** Cuando sientas que la ira está a punto de estallar, tómate un momento para respirar profundamente. Inhala lentamente, cuenta hasta tres, y luego saca todo el aire lentamente. Repite esto varias veces. La respiración profunda puede ayudarte a calmarte y a recuperar tu calma.

2. **Evita la confrontación:** Si sientes que la situación es demasiado tensa, retírate por un momento. Un breve "tiempo fuera" puede ayudarte a calmarte antes de retomar nuevamente la conversación.

3. **Habla de tus sentimientos:** Comunica tus sentimientos de manera asertiva es clave. En lugar de explotar en enojo, explica lo que te está molestando de manera calmada y respetuosa.

4. **Has Ejercicio regular:** Hacer ejercicio libera endorfinas, que son conocidas como "hormonas de la felicidad". Esto puede ayudarte a reducir la tensión acumulada y a prevenir estallidos de ira.

5. **Terapia de manejo de la ira:** Considera hablar con un terapeuta o algún consejero especializado en manejo de la ira, él puede proporcionarte herramientas específicas para abordar tus desafíos con la ira

"La inteligencia emocional enriquece nuestras vidas al transformar las relaciones comunes en conexiones significativas , por mucho tiempo"

OTRAS EMOCIONES
DE LA IRA

Frustración

Resentimiento

Amargura

Rabia

Desprecio

Hostilidad

ALGUNOS PENSAMIENTOS DE LA IRA

La expresión inadecuada de la ira puede afectar negativamente las relaciones personales y profesionales. Aprender a comunicar la ira de manera constructiva es esencial para mantener conexiones saludables.

¿QUÉ HERRAMIENTA VAS A UTILIZAR PARA MANEJAR TÚ IRA?

_____

_____

_____

_____

_____

_____

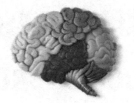

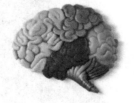

La Sorpresa se representa
con el verde

6. SORPRESA

¡La sorpresa es como un destello de asombro que nos toma por completo por sorpresa! Es algo mágico cuando algo inesperado y emocionante sucede, y nos deja hasta con la boca abierta. Puede llenarnos de alegría, misterio o incluso un poco de nerviosismo.

La sorpresa puede ser esa chispita que hace que la vida sea emocionante y llena de maravillas, **¡como abrir un regalo inesperado o ver algo que nunca imaginamos!** Es una de las emociones más hermosas que nos recuerda que la vida está llena de cosas maravillosas.

CAUSAS COMUNES DE LA SORPRESA

La sorpresa es como ese "¡wow!" que escapa de tus labios cuando algo inesperado y sorprendente sucede. Puede aparecer en cualquier momento, y hay muchas cosas que pueden desencadenar esa emoción:

a) **Lo inesperado:** Cuando algo ocurre de repente y no lo viste venir, eso suele ser sorprendente. Por ejemplo, cuando alguien te organiza una fiesta sorpresa, o cuando ves un truco de magia impresionante.

b) **Descubrimientos asombrosos:** Encontrar algo nuevo o descubrir algo increíble puede ser sorprendente. Esto puede incluir desde hallazgos científicos hasta tesoros escondidos en un viejo ático, incluso algo que tu no sabias.

c) **Noticias impactantes:** Escuchar noticias impactantes, ya sean buenas o malas, puede ser sorprendente. Por ejemplo, ganar un premio o enterarte de una calificación que no esperabas.

d) **Desafíos:** Superar obstáculos o lograr algo que parecía imposible puede llenarte de sorpresa y mucho gusto Como cuando finalmente resuelves ese rompecabezas difícil, lograr una actividad que posiblemente era muy difícil.

"El respeto a las emociones de los demás es la base de relaciones saludables; muestra que valoras su experiencia y perspectiva."

"La inteligencia emocional es como un músculo: cuanto más la ejercitas, más fuerte se vuelve en situaciones desafiantes."

ALGUNAS HERRAMIENTAS PARA TRABAJAR LA SORPRESA

La sorpresa es una emoción maravillosa que puede dar color y emoción a la vida. Al abrirte a las sorpresas y aprender a manejarlas, puedes enriquecer tu experiencia y abrazar la belleza de lo inesperado en el mundo que te rodea, aquí te dejo unas ideas que te pueden ayudar con tu emoción de sorpresa:

1. Mente abierta: La sorpresa a menudo surge cuando te permites estar abierto a nuevas experiencias y perspectivas. Abraza la curiosidad y evita las expectativas rígidas y no flexibles.

2. Cultiva la creatividad: Practicar actividades creativas, como la música, la pintura, la o la escritura, puede ayudarte a envolver la sorpresa y la inspiración que proviene de lo inesperado.

3. Explora el mundo: Viaja y explora nuevos lugares y culturas que puede llenarte de sorpresa. Aventurarte en lo desconocido puede ampliar tu horizonte y abrirte a experiencias sorprendentes muy gratas.

4. Vive tú presente: La sorpresa a menudo se encuentra en el momento presente. Practica la atención plena y la meditación para estar más presente en tu vida cotidiana y notar las pequeñas maravillas que te rodean.

OTRAS EMOCIONES
DE LA SORPRESA

Asombro

Desconcierto

Perplejo

Estupor

Inquieto

Atónito

¿QUÉ HERRAMIENTA VAS A UTILIZAR PARA TRABAJAR LA SORPRESA

_____

_____

_____

_____

_____

_____

7. ASCO

El Asco se representa
con el color café

Es una sensación intensa de repulsión que sientes cuando encuentras algo extremadamente desagradable. Es como si tu instinto de preservación te estuviera advirtiendo que te alejes lo más rápido posible. Tu nariz se arruga, los ojos se entrecierran y, a veces, hasta tu estómago puede revolverse. Es una emoción poderosa que nos protege de situaciones peligrosas y nos ayuda a evitar cosas que podrían hacernos daño, el asco es una reacción visceral a lo desagradable, una especie de señal de alarma que nos mantiene a salvo

"La autenticidad emocional
es un regalo que te das a ti
mismo y a los demás; permite
conexiones genuinas y
significativas."

"La inteligencia emocional, es un viaje continuo de autodescubrimiento y crecimiento personal."

CAUSAS COMUNES DEL ASCO

El asco es una emoción natural que nos ayuda a evitar cosas peligrosas o insalubres entre algunas causas tenemos las siguientes:

1.- Olores desagradables: Cuando percibes un olor fuerte y nauseabundo, como basura en descomposición,

2.- Comida en mal estado: Descubrir que la comida que estás a punto de comer está en mal estado o contaminada puede desencadenar una fuerte sensación de asco.

3.- Situaciones insalubres: Encontrarte en un lugar sucio, lleno de bichos o plagas, puede provocar una respuesta de asco.

4.- Textura desagradable: Tocar algo viscoso, pegajoso o simplemente desagradable al tacto puede hacer que sientas asco.

5.- Insectos y criaturas repulsivas: Ver arañas, cucarachas u otros insectos, especialmente si te tocan o están cerca de ti, puede provocar una fuerte reacción de asco.

Hay una gran infinidad de cosas que nos pueden dar asco, piensa alguna otra causa que te causen esto, en seguida te diremos como trabajar esta emoción.

UNAS HERRAMIENTAS PARA TRABAJAR EL ASCO

Aquí hay algunas herramientas para aprender a manejar la emoción del asco:

1. Reconocimiento: El primer paso para manejar el asco es reconocerlo y validar tus sentimientos. Es una emoción natural y está bien sentirla.

2. Respiración profunda: Cuando sientas asco, intenta tomar respiraciones profundas y lentas para calmarte y hacer un conteo mental del uno al diez. Esto puede ayudarte a evitar una reacción impulsiva.

3. Distanciamiento: Si es posible, aléjate de la fuente de asco poco a poco. La distancia física puede ayudarte a controlar la emoción.

4. Racionalización: Pregúntate a ti mismo si la situación es realmente peligrosa o dañina. A veces, el asco puede ser una reacción exagerada.

5. Exposición gradual: En casos en los que el asco se asocie a situaciones que necesitas enfrentar, como limpiar o manejar ciertos objetos, considera la exposición gradual. Ve despacio, permitiéndote acostumbrarte a la situación.

Recuerda que el asco es una emoción natural que puede ser útil en ciertas situaciones, como para protegerte de riesgos para la salud. Sin embargo, si sientes que el asco está interfiriendo en tu vida de manera significativa, considera hablar con un profesional de la salud mental para obtener orientación y apoyo adicionales

"El arte de la inteligencia emocional radica en equilibrar la cabeza y el corazón en armonía, tomando decisiones sabias y compasivas."

OTRAS EMOCIONES DEL ASCO

Repugnancia
Evasivo
Aborrecido
Disconforme
Terrible
Aversión

¿QUÉ HERRAMIENTA VAS A UTILIZAR PARA TRABAJAR EL ASCO

_____

_____

_____

_____

_____

_____

A
M
A
T
I
S
A

El amor se representa
con el rosa

El miedo se representa
con el negro

La alegría se representa
con el amarillo.

La Tristeza se representa
con el azul.

La Ira se representa
con el rojo

La Sorpresa se representa
con el verde.

El Asco se representa
con el café.

La inteligencia emocional es una habilidad multifacética que impacta positivamente en tu vida en diversos aspectos. Al comprender y desarrollar estas habilidades, puedes mejorar tus relaciones, tu bienestar emocional y tu éxito en múltiples áreas de la vida.

Tus reflexiones de Inteligencia Emocional (IE)

_____

_____

_____

_____

_____

_____

_____

_____

_____

_____

_____

_____

Tus reflexiones de Inteligencia Emocional (IE)

_____

_____

_____

_____

_____

_____

_____

_____

_____

_____

_____

Si quieres saber más de
Inteligencia Emocional (IE), te recomiendo
los siguientes libros:

1. GOLEMAN, D. (2018). INTELIGENCIA EMOCIONAL, PENGUIN RANDOM HOUSE GRUPO EDITORIAL.

2. EKMAN, P. (2018). EL ROSTRO DE LAS EMOCIONES, EDITORIAL OCÉANO DE MÉXICO.

3. WILLIAMS, JAMES (2019). INTELIGENCIA EMOCIONAL, INDEPENDENTLY PUBLISHED.

4. BRADBERRY, T., GREAVES, JEAN. (2009). EMOTIONAL INTELLIGENCE 2.0, TALENTSMART EDICION HAR.

5. BERGERE, A. (2023). SUPER INTELLIGENT, EMOTIONAL ME!, AURORA BERGERE.

Made in the USA
Las Vegas, NV
29 January 2024

85056405R00046